n° 15947

AF244841

NOTICE

BIOGRAPHIQUE ET BIBLIOGRAPHIQUE

SUR

GABRIEL PEIGNOT

Paris. — Typographie A. Wittersheim, 8, rue Montmorency.

NOTICE

BIOGRAPHIQUE ET BIBLIOGRAPHIQUE

SUR

GABRIEL PEIGNOT

Par P. D.

Pluribus horis rei litterariæ
Vixit quam suæ.

PARIS

J. TECHENER, LIBRAIRE-ÉDITEUR

52, RUE DE L'ARBRE-SEC.

—

1857

La vogue qui s'est attachée aux nombreux ouvrages et opuscules de Gabriel Peignot a pris un accroissement singulier, depuis quelques années, et, disons-le tout de suite une fois pour toutes, cette vogue n'est pas toujours suffisamment justifiée par l'importance des sujets, ni par la précision des documents : « Il » est à regretter, dit l'auteur du *Manuel du libraire,* » le juge le plus expert en pareille matière, que » M. Peignot n'ait pas été plus sévère dans le choix » de ses matériaux. Au reste, toujours modeste dans » ses écrits, toujours rempli d'indulgence pour ceux » des autres, cet estimable homme de lettres a dû » rencontrer plus d'amis que de censeurs, et d'ail- » leurs il est juste de le reconnaître, ses ouvrages ont » beaucoup servi à populariser la Bibliographie. »

Comme tous les hommes laborieux et chercheurs, M. Peignot lisait tout ce qui lui tombait sous la main : livres de science et d'histoire, facéties, pamphlets curieux, opuscules littéraires, manuscrits, tout, jusqu'aux brochures les plus futiles, devenait pour cet esprit patient et investigateur matière à recherches et à trouvailles. Du livre en apparence le plus insignifiant il trouvait le moyen d'extraire quelques notes, qu'il mettait à part, coordonnáit et complétait un jour ou l'autre, à l'aide de documents nouveaux, avec une laborieuse patience, et cela finissait un beau matin par former un ou plusieurs volumes qu'il publiait et presque toujours à un nombre d'exemplaires restreint ; ces tirages à petit nombre expliquent la rareté de ses ouvrages, comme l'intérêt de curiosité qui s'attache à presque tous explique, s'il ne justifie pas absolument, le prix croissant qu'ils atteignent dans nos ventes de livres.

Nous avons pensé qu'en pareilles circonstances un catalogue aussi précis, aussi exact que possible des nombreux ouvrages de ce bibliographe, de ce moraliste, de ce philologue, de cet historien, serait le bien venu et pourrait peut-être rendre quelques services à ceux qui ne craignent pas d'acheter littéralement au poids de l'or ses opuscules les moins importants ; nous avons cru devoir adopter pour ce catalogue la forme chronologique comme étant la plus simple et la plus commode à la fois. Qu'il nous soit permis de le faire précéder d'une très courte notice sur la vie de cet homme estimable à tous égards, que les lettres ont eu le malheur de perdre il y a quelques années.

Etienne-Gabriel Peignot, dont le père était lieutenant au bailliage d'Arc-en-Barrois, naquit en cette ville le 13 mai 1765. Après avoir fait de fortes et substantielles études littéraires, il fut destiné par son père au barreau, et dut entrer chez un procureur; mais ses goûts, exclusivement portés vers la littérature, ne lui permettaient d'étudier cette science de convention qu'on appelle le Droit, qu'avec répugnance; néanmoins, il fut reçu avocat au parlement de Besançon en 1786, et s'établit à Vesoul pour y exercer. La révolution de 89 l'arracha brusquement à cette paisible profession. Le duc de Penthièvre, prince aussi vertueux qu'éclairé, s'était chargé du soin de sa fortune; poussé par la reconnaissance et suivant le vœu de son cœur qui l'éloignait des idées révolutionnaires, il s'empressa d'entrer dans la garde royale, commandée alors par le duc de Brissac.

Le licenciement de cette garde, prononcé l'année suivante, rendit Gabriel Peignot à la vie paisible et studieuse pour laquelle il était fait: il revint à Vesoul, dont la municipalité le chargea d'organiser la bibliothèque; rien n'était plus facile à cette époque où la suppression des couvents et la confiscation des biens des émigrés aggloméraient dans toutes les villes une énorme quantité de livres et de manuscrits; le jeune bibliophile n'avait qu'à étendre la main pour trouver des trésors.

En 1803, il fut nommé principal du collége de Vesoul, sans perdre son titre de bibliothécaire, et depuis lors il marcha constamment et avec distinction dans cette double carrière des lettres et de l'université.

Promu en 1818 aux fonctions d'inspecteur de la librairie et de l'imprimerie à Dijon, il fut aussitôt nommé membre de l'académie de cette ville, dans la classe des belles-lettres, en 1825, proviseur du collége royal, et l'année suivante, conservateur honoraire de la bibliothèque.

« Exclusivement appliqué aux études philologiques et bibliographiques, dit M. Guillemot dans une intéressante notice à laquelle nous empruntons ces détails[1], annotateur infatigable, talent facile, Gabriel Peignot prit une large part au mouvement intellectuel et littéraire de Dijon. Élu vice-président de l'académie en 1818, il eut l'honneur d'être porté au fauteuil de la présidence en 1832; enfin, en septembre 1838, après quarante-cinq ans de fonctions universitaires, il prit sa retraite à l'âge de 73 ans, avec le titre d'inspecteur honoraire de l'académie de Dijon. »

Quelques années plus tard, le 14 avril 1849, à

---

[1] Notice sur la vie et les ouvrages de Gabriel Peignot, par M. Paul Guillemot, lue à l'Académie de Dijon en 1852. (Dijon, impr. de E. Tricault.)

l'âge de près de 84 ans, cet homme de bien, à l'âme droite et simple comme celle des sages des anciens jours, s'éteignait paisiblement dans les bras de ses proches et de ses amis, envisageant la mort avec la placide sérénité d'un philosophe chrétien.

Cette mort passa inaperçue à cette époque exceptionnelle où les esprits étaient si fortement préoccupés de la chose publique; et d'ailleurs M. Peignot ne s'était-il pas constamment et obstinément tenu à l'écart du brillant et bruyant tourbillon littéraire! Les bibliophiles et les véritables amis de la saine et vraie littérature seuls ressentirent cette perte, et le souvenir de cet homme excellent est toujours présent à leur cœur.

M. P. Guillemot ne porte qu'à 52 le nombre des livres imprimés de Gab. Peignot : ce chiffre, déjà si considérable, est bien au-dessous de la réalité, ainsi que nous allons le faire voir. Les manuscrits qu'il a laissés à sa famille formeraient environ quarante volumes, et nous nous associons de grand cœur au vœu exprimé par l'écrivain dijonnais que nous venons de citer : il réclame pour l'honneur de la province qu'a illustrée M. Peignot et à laquelle il a consacré tant de travaux, que ces précieux écrits soient publiés, ou tout au moins déposés dans la bibliothèque de Dijon, où ils seront tenus à la disposition des hommes studieux qui pourront y puiser d'intéressants documents.

Au point de vue bibliographique, Gab. Peignot

était un de ces érudits modestes, simples et de commerce sûr, toujours disposés à relever le mérite des
autres et à s'effacer; mais sa valeur personnelle, à laquelle on rend enfin un hommage absolu, était déjà
sérieusement acceptée par les hommes les plus com-
pétents; il était, en un mot, un des derniers descen-
dants de cette grande famille de bibliographes des
xvii° et xviii° siècles, qui pourrait bien, selon nous,
remonter jusqu'à l'illustre J.-A. de Thou et compte
parmi ses membres les plus renommés des hommes
tels que Gabriel Naudé, le P. Ménétrier, Gabriel Mar-
tin, Jamet, l'abbé Bignon, la Monnoye, Mercier de
Saint-Léger, Née de la Rochelle, Chardon de la Ro-
chette, de Bure, Van Praët, Charles Nodier et Brunet,
le dernier survivant.

Aux derniers les bons !

Citons en terminant cette notice les quelques lignes
d'appréciation, par lesquelles M. Guillemot clôt son
intéressant panégyrique :

« Ne cherchez pas en lui, dit-il, le novateur qui
agrandit le domaine des idées, les théories lumineuses
qui ouvrent de nouveaux horizons à la science, la critique puissante et régulatrice, l'éclat du style et l'é-
nergique originalité du trait; esprit clair et métho-
dique, narrateur intéressant, habile compilateur,
homme de sens et d'érudition, écrivain facile et pur,
il intéresse constamment son lecteur, l'amuse en
l'instruisant par des détails piquants, par des citations

heureuses ou des singularités remarquables. Ses œuvres vivront longtemps après lui, recherchées par tous
ceux qui, dans des récréations instructives, prisent
le bon sens, la naïveté spirituelle et l'aimable simplicité. »

Voilà qui est bien dit et qui peint l'homme.

P. D.

CATALOGUE CHRONOLOGIQUE

DES

LIVRES IMPRIMÉS

DE

GABRIEL PEIGNOT.

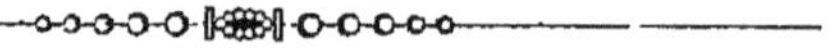

1796 — AN IV.

1. Opuscules philosophiques et poétiques du frère Jérôme, mises (*sic*) au jour par son cousin Gabriel P. [1]. In-18 de vj — 143 pages avec une figure. Paris, *de l'impr. de Mercier.*

Probablement ce petit livre, extrêmement rare, est le premier ouvrage de l'auteur ; il n'est pas compris dans le catalogue que M. Peignot nous a donné de ses œuvres jusqu'à l'année 1830 : c'est un de ces péchés de jeunesse que l'âge mûr désavoue. On trouve dans ce recueil des *Poésies libres,* par G. P. à Arc, 1793 et 1794 ; le *Bailli cabaleur,* comédie en prose en un acte, datée du 3 février 1793, représentée le 3 mars de la même année.

Quérard, tome 7, p. 11.

1800 — AN VIII.

2. Petite bibliothèque choisie et classée méthodiquement, ou catalogue raisonné d'ouvrages dans tous les genres, propres à composer une collection précieuse, peu volumineuse. PARIS, *Villiers.* In-8° de 112 p. VESOUL, *de l'impr. de Bobillier.* — 1 fr. 50 c.[1].

Ainsi que le numéro précédent, celui-ci est exclus du catalogue de 1830 : cette brochure était le premier jet d'un ouvrage plus étendu, que M. Peignot publia l'année suivante. *Voy.* n° 3. Elle est devenue fort rare.

1801 — AN IX.

3. Manuel bibliographique ou essai sur les bibliothèques anciennes et modernes et sur la connaissance des livres, des formats, des éditions, etc. Le tout suivi de plusieurs notices bibliographiques, instructives et curieuses, par **G. P...**, bibliothécaire près l'École centrale du département de la Haute-Saône. PARIS, *Villiers, Desessarts et Desray;* VESOUL, *Lépagnez.* In-8° de xiv — 364 pages. VESOUL, *de l'imprimerie de Bobillier.*

Tiré à 300 exempl., dont 6 sur pap. vélin. Prix : sur pap. ord., 4 fr. ; pap. vélin, 6 fr. — Figure au Catalogue de 1830, sous le n° 1. On y trouve le *Traité des bibliothèques anciennes*, trad. du

---

[1] Nous mettrons, aussi souvent que faire se pourra, les prix de librairie des ouvrages décrits.

latin de Juste-Lipse, *le seul morceau à peu près passable dans tout le volume,* dit l'auteur peu indulgent pour ses œuvres.

4. Opuscules en vers, renfermant quelques épîtres, quelques pièces fugitives et un poëme burlesque, *la Petite Franciade,* par **G. P. B. D. L. H. S.** (Gabr. Peignot, bibliothécaire de la Haute-Saône. Paris, *Villiers, Desessarts;* Vesoul, *Lepagnez.* In-8° de 72 p.

Brochure de la plus grande rareté.

Ces opuscules composent la première partie des *Bagatelles poétiques et dramatiques.* (*Voy.* n° 5.)

1801 — AN IX.

5. Bagatelles poétiques et dramatiques, par **G. P. B. D. L. H. S.** (Gab. Peignot, bibliothécaire de la Haute-Saône.) Paris, *Villiers, Desessarts;* Vesoul, *Lepagnez.* Gr. in-8°.

Première partie, contenant les *Opuscules poétiques,* xi — 72 pages. Cette partie est précédée de quelques vers adressés à un homme devenu célèbre dans la bibliographie, M. J. C. B....t. Nous les reproduisons :

> Ami de la folle gaîté,
> Toi qui chéris la liberté,
> Reçois ce burlesque poëme
> Qu'un pauvre rimailleur, qui t'aime,
> Griffonna sans prétention,
> En courant comme un postillon.
>
> Si d'amitié ce faible gage
> Peut un instant te récréer,
> Gabriel, fier de ton suffrage,
> N'aura plus rien à désirer.

Deuxième partie, contenant les *Opuscules dramatiques,* 2 f. lim.

obin et Cidalise, ou les *Ingrats punis*, com. en 2 actes et en
rose, 48 p. ; la *Cassette*, com. en 2 actes et en prose, 51 pages.

Nous reproduisons la courte préface de cette deuxième partie :
« Les deux petites pièces suivantes sont encore une légère of-
frande à l'amitié ; elles ont été plusieurs fois jouées sur le théâtre
de bienfaisance de la commune de V....., soit par des amateurs,
soit par des artistes dramatiques. Si le public a daigné les ac-
cueillir, ainsi que quelques autres que je lui ai présentées[1], j'en
suis redevable au seul jeu des acteurs, et surtout à mon ami B....t.
Ces bagatelles dramatiques, destinées à un petit théâtre de société, ayant été conçues et jetées sur le papier très-rapidement,
on les trouvera sans doute faibles et incorrectes ; mais au moins
j'ai tâché de les rendre d'une exécution facile, tant par le nombre
et le caractère des personnages que par la simplicité des déco-
rations. »
Ce volume, qui n'est pas compris dans le catal. de 1830, est devenu rare ; il vaut de 15 à 20 fr.

1802 — AN X.

5. Dictionnaire raisonné de bibliologie, contenant :
1° l'explication des principaux termes relatifs à la bibliographie, à l'art typographique, etc. ; — 2° des
notices sur les principales bibliothèques anciennes et
modernes, etc. ; — 3° enfin l'exposition des différents
systèmes bibliographiques, etc. PARIS, *Villiers et*

---

[1] Ces pièces sont : le *Bailli cabaleur*, comédie en un acte, imprimée en
l'an IV ; les *Lunettes cassées*, comédie en trois actes ; les *Dangers de l'Athéisme*,
drame en trois actes, et quelques scènes patriotiques. Celles non représen-
tées sont : l'*Heureux Procès*, opéra bouffon en deux actes ; la *Tête à Per-
ruque*, comédie en deux actes (imitée de la pièce de Collé) ; les *Deux Cousins*,
comédie en trois actes.

Renouard. 2 vol., gr. in-8°, le 1ᵉʳ de xxiv — 472 pages, le 2ᵐᵉ de 456 pages. Vesoul, *de l'imprimerie de Bobillier.*

Imprimé à 1000 exempl., dont 10 sur pap. vélin. Les exempl. en pap. ord., 12 fr.

1804.

7. Dictionnaire raisonné de bibliologie, etc., supplément aux deux volumes précédents, composé de plus de six cents articles nouveaux sur les matières énoncées ci-dessus, avec des corrections, des additions et des tables alphabétiques de matières pour l'ouvrage entier ; le tout augmenté d'un tableau synoptique (en trois feuilles). Paris, *Villiers et Renouard.* 1 vol. gr. in-8°, de x — 374 pages. Vesoul, *de l'imprimerie de Bobillier.*

Tiré à 750 exemp., dont 10 sur pap. vélin. L'exempl. en papier ord., 6 fr.

Cet ouvrage de M. Peignot est un de ceux qui ont été le plus impudemment pillés par les plagiaires. (*Voy.* la curieuse note que M. Quérard, t. 7, p. 17, a reproduite d'après celle de M. Peignot, catalogue de 1830, p. 23.)

1804.

8. Essai de curiosités bibliographiques, contenant une notice raisonnée des ouvrages les plus beaux dont le prix a excedé 1000 fr. dans les ventes publiques.

Paris, *A. A. Renouard.* In-8° de lxx — 178 pages.
Vesoul, *de l'imprimerie de Bobillier.*

Tiré à 300 exempl., tous sur pap. vélin ; quelques-uns seulement sur pap. superfin. Prix : 5 fr. ; sur pap. superf., 9 fr.

On a ajouté à 18 exempl., les seuls qui restassent de l'édition, un petit supplément de 14 pages.

Il faut joindre à cet ouvrage un vol. publié en 1822, décrit plus bas sous le n° 37.

1806.

9. Dictionnaire critique, littéraire et bibliographique des principaux livres condamnés au feu, supprimés ou censurés, précédé d'un discours sur ces sortes d'ouvrages. Paris, *Renouard.* 2 vol. in-8°, t. i, de xl — 343 pages, t. ii de 295 pages. Vesoul, *de l'imprimerie de Bobillier.* — Prix : 10 fr.

Tiré à 1000 exempl., plus 8 sur pap. vélin, 2 sur pap. rose et 2 sur pap. bleu. Rare, vaut de 15 à 20 fr.

Rome et Naples ont accaparé cet ouvrage. Vers 1820, le roi de Naples étant rentré dans ses États, on s'empressa de prendre les moyens d'y réprimer la liberté de la presse. M. Peignot fut fort étonné de lire dans un journal français, du 27 juin 1821, l'article suivant : « M. Peignot va exercer à Naples la fonction de censeur, non en personne, mais à l'aide de celui de ses ouvrages qui est le meilleur à notre avis, son *Dictionnaire des livres condamnés...*, etc. » Le roi des Deux-Siciles, qui a chargé la commission d'instruction publique de faire un nouvel *index* des productions qui, à Naples, méritent le feu, a ordonné qu'elle prît pour guide l'*index* de la cour de Rome et le *Dictionnaire* de M. Peignot...

M. Peignot, transformé en juge, ou tout au moins en guide du Saint-Office !

1807.

10. Petit dictionnaire des locutions vicieuses, corrigées d'après l'académie et les meilleurs grammairiens, précédé d'un abrégé des principes de l'art épistolaire, etc. PARIS, *A. A. Renouard.* In-12, de XL — 168 pages. BESANÇON, *de l'imprimerie de Taulin.*

Imprimé à 750 exempl., 10 sur pap. vélin, 4 sur pap. de couleur, rose, bleu et aurore.

11. La Création et le Paradis perdu, pot-pourri, par un Bourguignon, à Bagdad, S. D. (vers 1807, suivant M. Quérard). In-12 de 20 pages. VESOUL, *de l'imprimerie de Bobillier*[1].

Pièce facétieuse de la jeunesse de l'auteur; elle n'est pas portée au catal. de 1830 et est devenue fort rare.

Dans la *Biographie des Contemporains,* publiée sous la direction de Rabbe et Boisjolin (Paris, 1834), à l'article *Peignot,* nous trouvons portés, à l'année 1807, les trois ouvrages suivants :

« — *Lettre de Fontenelle au marquis de la Fare sur la Résurrection.* — En Europe, 1807, in-12.

— *Relation de l'île de Bornéo,* id., 1807, in-12. Cet opuscule est mentionné dans la première édition du *Dictionnaire des Anonymes,* n° 20642 : il a été retranché de la seconde.

— *La Création et le Paradis perdu,* etc.

---

[1] Nous n'avons pu mettre à tous les ouvrages décrits le nombre et la division du tirage, malgré les recherches les plus minutieuses : tous ceux qui ont été tirés à petit nombre ont eu un certain nombre d'exemplaires imprimés sur papier particulier. **P. D.**

Ces trois opuscules, qui sont fort rares et dont les deux premiers contiennent des additions de M. Peignot, ont été réunis sous le titre de *Lettres facétieuses de Fontenelle.* »

Nous croyons, sans pouvoir l'affirmer, que chacun d'eux a été tiré séparément à 60 exemplaires.

1808.

12. Amusements philologiques, ou variétés en tous genres, contenant : 1° une poétique curieuse, relative à toutes les espèces de vers singuliers, bizarres et d'une exécution difficile, avec des exemples figurés ; 2° une notice sur les emblèmes tirés des fleurs, des arbres, des animaux, etc. ; 3° une nomenclature du chant ou cri des principaux oiseaux, etc. ; 4° un dictionnaire des découvertes anciennes et modernes ; des détails sur la longévité, sur la superstition de quelques grands hommes ; une chronologie des auteurs célèbres, etc., par G. Philomneste, B. A. V. (bibliothécaire à Vesoul). PARIS, *A. A. Renouard.* In-8° de XXIX — 400 p. BESANÇON, *de l'imprimerie de Taulin.*

Tiré à 750 exempl., et 8 sur pap. vélin.

— Amusements philologiques, ou variétés en tous genres ; seconde édition revue, corrigée et augmentée, par G. P. Philomneste, A. B. A. V. (ancien bibliothécaire à Vesoul), avec cette épigraphe :

Hic piscis est omnium.

DIJON, *Victor Lagier ;* PARIS, *A. A. Renouard,*

1824. 1 vol. in-8° de XVI — 517 pages. DIJON, *de
l'imprimerie de Frantin.*

Tiré à 2000 exempl., dont 500 sur carré fin; plus 20 sur grand
pap. vélin. Prix : 6 fr.; sur pap. fin, 7 fr.

Cette édition, dit M. Peignot, est toute différente de la première,
le choix des matériaux est meilleur et l'impression infiniment mieux
soignée.

— Amusements philologiques, ou variétés, etc., 3ᵉ édition. 1 vol in-8° de XII — 558 pages. DIJON, *Victor
Lagier;* PARIS, *Debecourt;* STRASBOURG, *Lagier
jeune,* 1842.

Tiré à 300 exempl., dont quelques-uns sur papier fin collé des
Vosges. Prix : pap. ord., 6 fr. ; pap. fin, 7 fr.

Édition de beaucoup la plus complète et la meilleure de ce livre
intéressant, que Peignot estimait plus que tous ses autres ouvrages :
aussi le voyons-nous fréquemment signer un opuscule de ses ini-
tiales G. P., et ensuite *Auteur des Amusements philologiques.*

13. Bibliographie curieuse, ou notice raisonnée des
livres imprimés à cent exemplaires au plus, suivie
d'une notice de quelques ouvrages tirés sur papier
de couleur. PARIS, *A. A. Renouard,* gr. in-8° de 92
pages. BESANÇON, *de l'imprimerie de Taulin.*

Tiré à 100 exempl., tous sur gr. pap. vélin, numérotés et signés
de la main de l'auteur.

(*Voy.* le n° 18, dont les deux premières parties sont une seconde
édition fort augmentée de cet ouvrage.)

14. Principes élémentaires de morale, ou traité abrégé

des devoirs de l'homme dans la société, suivi de la science du Bonhomme Richard et du Sifflet, opuscules de Benjamin Franklin. PARIS. In-12 de XII — 104 pages. BESANÇON, *de l'imprimerie de Taulin*.

Tiré à 750 exempl., dont 10 sur pap. vélin et 2 sur pap. rose.

— 2ᵉ Édition, — 1833. In-12.

— 3ᵉ Édition, — sous le titre de : *Éléments de morale*, rédigés d'une manière simple, claire et proportionnée à l'intelligence des enfants, suivis d'opuscules moraux de B. Franklin. DIJON, *Victor Lagier*. 1838. In-16 de 140 pages.

Ouvrage élémentaire, tiré à grand nombre. Prix : 50 cent.

15. Le Portrait du Sage. Extraits de Confucius, Platon, Zénon, Cicéron, Sénèque, Epictète, Marc-Aurèle, Plutarque, Montaigne, Charron, Fénelon, la Bruyère, Sterne, Rousseau, Weiss, etc. Editeur : E. G. P. PARIS. In-12 de 48 pages. BESANÇON, *de l'imprimerie de Taulin*. Avec cette épigraphe :

> « Je n'aime pour moy que les livres qui me consolent
> et conseillent à régler ma vie et ma mort. »
> (MONTAIGNE, liv. I, chap. 38.)

Tiré à 75 exempl., tous sur pap. vélin, numérotés et parafés en rouge, à l'exception de deux exemplaires en pap. ordinaire, pour la mise en train.

16. La Muse de l'histoire, ou esquisses de tableaux poétiques choisis dans l'histoire sainte ou dans l'histoire profane. Ce 25 juillet. — In-8° de 16 pages. VESOUL, *de l'imprimerie de Bobillier.*

Tiré à 10 exempl., plus 2 sur pap. bleu, 2 sur pap. jaune pâle et 2 sur pap. ventre de biche. Cet essai n'a pas eu de suite.

1810.

17. Ambassades des Bartavelles du Dauphiné et autres petites pièces du même genre. Janvier. — In-8° de 18 pages. VESOUL, *de l'imprimerie de Bobillier.*

Tiré à 50 exempl.

18. Répertoire de bibliographies spéciales, curieuses et instructives, contenant la notice raisonnée 1° des ouvrages imprimés à petit nombre d'exemplaires; 2° des livres dont on a tiré des exemplaires sur papier de couleur; 3° des livres dont le texte est gravé; et 4° des livres qui ont paru sous le nom d'*Ana*, etc.,— par Gabriel Peignot, principal du collége de Vesoul, etc. PARIS, *Renouard.* In-8° de xv — 286 pages. BESANÇON, *de l'imprimerie de Taulin.*

Tiré à 750 exempl. et 10 sur grand pap. vélin.

Les deux premières parties de cet ouvrage sont une seconde édition fort augmentée de la *Bibliographie curieuse.* (*Voy.* n° 13.)

1812.

19. Répertoire bibliographique universel, contenant la notice raisonnée des bibliographies spéciales publiées jusqu'à ce jour, et d'un grand nombre d'autres ouvrages de bibliographie relatifs à l'histoire littéraire et à toutes les parties de la bibliologie. PARIS, *A. A. Renouard.* In-8° de xx—514 pages. PARIS, *de l'imprimerie de Crapelet.*

Tiré à 1000 exempl., 4 exempl. en grand pap. vélin, et 2 en grand pap. de Hollande. Prix : 7 fr. 50 c.

M. Renouard a revu et corrigé les épreuves de ce livre.

20. Essai sur l'histoire du parchemin et du vélin. PARIS, *A. A. Renouard.* In-8° de 110 pages. PARIS, *de l'imprimerie de Crapelet.*

Tiré à 250 exempl., plus 4 sur grand pap. vélin, et 2 sur vélin petit in-4°.—M. Quérard en annonce en outre deux sur grand pap. de Hollande fort. Prix : (pap. ord.) 2 fr. 50 c. (Vaut maintenant de 10 à 15 fr.) Vendu 30 fr. (Renouard), l'un des deux exemplaires sur vélin.

1813.

21. Bibliothèque choisie des classiques latins, etc., dédiée à M. le baron de Pommereul. — *Plan de l'ouvrage.* PARIS, *Ant. Aug. Renouard.* In-8° de 83 pages. DIJON, *de l'imprimerie de Frantin.*

Tiré à 750 exempl., et 10 sur pap. vélin. Prix : 1 fr. 25 c.
Cette brochure n'est que le prospectus d'un grand ouvrage que
M. Peignot a laissé manuscrit et qui formerait 6 vol. in-8°.

22. Dictionnaire historique et bibliographique portatif
des personnages illustres, célèbres ou fameux, etc.,
par **L. G. P.** PÁRIS, *Prudhomme.* — 1813. 4 vol.
in-8°.

Ce livre, donné par M. Barbier comme émanant de M. Peignot,
n'est pas compris dans le catalogue de 1830 : il n'est pas de cet auteur, qui assure même n'en avoir jamais vu un exemplaire complet.
Voy. sa réclamation dans le *Journal de la Librairie* en 1822,
page 688. — Dans la *Biographie des contemporains* de Rabbe
(PARIS, 1834), on lit à l'article *Peignot*, que cet écrivain a rédigé
une partie de la lettre A. Comme cet article biographiqué passe
pour avoir été rédigé sur des documents fournis par M. Peignot
lui-même, cette assertion a de l'importance, et nous mentionnons
le fait, bien qu'il soit en contradiction avec la réclamation insérée
dans le *Journal de la Librairie. Voy.* n° 67.

1814.

23. Impromptu sur le rétablissement des Bourbons,
ou dialogue villageois, etc. PARIS, avril. — In-8° de
8 pages. DIJON, *de l'imprimerie de Frantin.*

Tiré à 1000 exempl.

1815.

24. De la maison royale de France, ou précis généalogique et anecdotique sur la famille de Bourbon, et sur ses illustres aïeux, depuis saint Arnoul, en 596, etc. Le tout formant un mémorial complet de l'histoire de France, etc., orné des portraits des rois de France. DIJON, *Noellat,* et PARIS, *de la Tynna* et *Renouard.* In-8° avec 7 planches ; de LXIV—432 pages. DIJON, *de l'imprimerie de Frantin.*

Tiré à 1500 exempl., dont un certain nombre sur pap. vélin. 6 fr. pap. ord., et 10 fr. pap. vélin.

1816.

25. Précis chronologique du règne de Louis XVIII, en 1814, 1815 et 1816. (Complément de l'ouvrage précédent, n° 24.) PARIS, *Renouard,* et DIJON, *Noellat.* In-8° de xx — 112 pages. DIJON, *de l'imprimerie de Frantin.*

Tiré à 1000 exempl., 10 sur pap. vélin.

Les deux ouvrages précédents ont été réunis et annoncés en 1819, avec des additions qui portent les détails historiques jusqu'à cette date, sous le titre suivant : *Abrégé de l'histoire de France, composé de recherches curieuses, la plupart négligées par les historiens, et contenant, dans l'ordre chronologique, la généalogie détaillée des princes de chaque race,* etc. PARIS, *A. A. Renouard, Tournachon, Molin et Séguin;* DIJON, *Noellat.* In-8° de LXIV — 432 pag. et de XXX — 120 pag., en tout 646 pag. — 7 fr.

Après la page 432 est un *Précis chronologique des événements* survenus tant en France que dans les différents États de l'Europe, depuis 1814 jusqu'en 1819 (en VI — 116 pag.), avec pagination particulière.

Ce n'est pas une nouvelle édition, mais simplement un nouveau titre, ayant pour but de provoquer l'écoulement plus rapide des deux ouvrages susnommés. (*Voy*. Quérard, 7e vol., p. 15.)

26. Testament de Louis XVI, précédé de quelques réflexions, tant sur cet acte que sur d'autres écrits de S. M., et accompagné de notes historiques. Hommage rendu à la mémoire du meilleur et du plus infortuné des rois. Dijon, *Noellat*, le 21 janvier. In-8° de 35 pages. *De l'imprimerie de Bernard Defay.*

Tiré à 75 exempl., 4 sur pap. terre d'ombre. (Très-rare.)

— Le même testament ; nouvelle édition augmentée de détails sur les derniers instants de Louis XVI, etc. Dijon, *Noellat*, 30 janvier. In-8° de 45 pages.

Tiré à 500 exempl., 10 sur pap. vélin, 4 sur pap. vert pâle, 4 sur pap. terre d'ombre, 4 sur pap. bleu.

27. Testament de Marie-Antoinette-Josèphe-Jeanne de Lorraine, Archiduchesse d'Autriche, reine de France et de Navarre, née à Vienne le 2 novembre 1755, morte martyre le 16 octobre 1793. Dijon, 30 janvier, *chez Noellat*. In-8° de 31 pages. Dijon, *de l'imprimerie de Bernard Defay.*

Tiré à 500 exempl., 10 sur pap. vélin, 4 sur pap. terre d'ombre, 4 sur pap. vert pâle, 4 sur pap. bleu, 4 sur pap. rouge-ocre.

28. Le Nouvelliste des campagnes, ou entretiens villageois sur les bruits qui courent les champs, par Jac

ques Rambler. *A la campagne.* In-8° de 24 pages.
DIJON, *de l'imprimerie de Frantin.*

Imprimé à 2000 exempl., 10 sur pap. vélin, 4 sur pap. bleu, 4 sur
pap. ventre de biche.

Le *même ouvrage réimprimé à Beauvais, même année.* In-8°,
tiré à 4000 exempl.

Malgré ces tirages exceptionnels, cet opuscule est devenu difficile
à trouver.

1817.

29. Traité du choix des livres, contenant 1° des observations sur la nature des ouvrages les plus propres à
former une collection peu considérable, mais précieuse sous le rapport du goût ; 2° des recherches
littéraires sur la prédilection particulière que des
hommes célèbres de tous les temps ont eue pour certains ouvrages, etc. etc. PARIS, *A. A. Renouard.*
DIJON, *Victor Lagier.* 1 vol. in-8° de xx — 295
pages. — Prix : 4 fr. DIJON, *de l'imprimerie de
Frantin.*

Tiré à 750 exempl., 2 sur pap. vélin, 2 sur pap. rose.

Cet essai ayant été épuisé en moins de six mois, l'auteur l'a fait
réimprimer avec d'importantes additions sous le titre du *Manuel
du bibliophile.* (Voy. n° 39.)

30. Précis historique et analytique des pragmatiques,
concordats, déclaration, constitution et autres actes
relatifs à la discipline de l'Église en France, depuis

saint Louis jusqu'à Louis XVIII. PARIS, *A. A. Renouard*. 1 vol. in-8° de IX — 156 pages. PARIS, *de l'imprimerie d'Égron.*

Tiré à 800 exempl., 3 sur grand pap. vélin. Prix : 2 fr. 50 c.

31. Recherches sur les ouvrages de Voltaire, etc., par J-J. E.-G., avocat. (G. Peignot, proviseur du collège de Dijon). Avec cette épigraphe :

Sine irâ et studio.
(TAC.)

PARIS, *chez les marchands de nouveautés.* In-8° de VIII — 68 pages. DIJON, *de l'imprimerie de Frantin.*

Tiré à 1000 exempl., dont 2 sur grand pap. vélin superfin.

1818.

32. Mélanges littéraires, philologiques et bibliographiques, contenant des recherches sur l'étymologie des noms propres (des rois et des reines de France) dans les premiers temps de la Monarchie, etc. ; sur l'origine connue de quelques mots de la langue française avant la révolution; sur les langues, etc., avec une planche gravée représentant l'alphabet gaulois. PARIS, *A. A. Renouard*, in-8° de XVI — 167 pages (petit texte). DIJON, *de l'imprimerie de Frantin.*

Tiré à 150 exempl. sur pap. vélin, plus 2 sur pap. vélin rose, et 2 sur pap. vélin dit mécanique; les 5 du dépôt en pap. ord. Prix : 6 fr.

. La notice sur les diverses éditions de l'*Art de vérifier les dates*, comprise dans ce volume, a été imprimée depuis dans le *Journal de la librairie*, en 1818, pag. 352-55.

1819.

33. Essai historique sur la lithographie, renfermant : 1° l'histoire de cette découverte ; 2° une notice biblio-graphique des ouvrages qui ont paru sur la lithogra-phie ; 3° une notice chronologique des différents genres de gravures qui ont plus ou moins de rapport avec la lithographie. PARIS, *A. A. Renouard*. In-8° de 60 pages, avec une planche lithographiée. DIJON, *de l'imprimerie de Frantin*.

Imprimé à 250 exempl. sur pap. vélin, 6 sur pap. vélin super-fin, 16 sur pap. ordin. et 2 sur pap. rose. Prix : 1 fr. 50 c. Devenu assez rare pour être payé 10 à 12 fr. dans les ventes.

1821.

34. Recherches historiques, littéraires et bibliographi-ques sur la vie et les ouvrages de M. de la Harpe. In-12 de 160 pages. DIJON, *Frantin, imprimeur du roi*.

Cet opuscule sert d'introduction à l'édition du *Cours de littéra-ture* de La Harpe, publiée par MM. Lagier et Frantin, 18 vol. in-12 : il a été tiré à part à 100 exempl.

35. Essai chronologique sur les hivers les plus rigoureux depuis 396 ans av. J. C. jusqu'en 1820 ; suivi de quelques recherches sur les effets les plus singuliers de la foudre, depuis 1676 jusqu'en 1821, etc. PARIS, *A. A. Renouard.* 1 vol. in-8° de xv – 240 pages. CHALONS-SUR-SAÔNE, *de l'imprimerie de Dejussieu.*

Tiré à 800 exempl., dont 50 en grand pap. fin et 3 en pap. fort de Hollande. Pap. ord., 3 fr. 75 ; grand pap. vélin, 7 fr.

1822.

36. Des comestibles et des vins de la Grèce et de l'Italie en usage chez les Romains ; fragment d'un ouvrage manusc. sur le luxe et la somptuosité des Romains dans leurs repas. *Extrait du compte rendu des travaux de l'Académie des Sciences, arts et belleslettres de Dijon, 1821.* DIJON, in-8° de 43 pages, *de l'imprimerie de Frantin.*

Tiré à part à 50 exempl.

37. Variétés, notices et raretés bibliographiques, recueil faisant suite aux *Curiosités bibliographiques.* (Voy. n° 8.) PARIS, *A. A. Renouard.* 1 vol. in-8° de XII — 136 pages. DIJON, *de l'imprimerie de Frantin.*

Tiré à 300 exempl. pap. superfin, plus 2 exempl. pap. bleu et 5 (de dépôt) pap. ord. Prix : 4 fr.

38. Heures choisies ou recueil de prières pour tous les besoins de la vie. Seconde édition augmentée d'un grand nombre de prières, par madame la marquise d'.... (d'Andelare), précédée d'une notice nécrologique sur la marquise d'A.... et d'un avis de l'éditeur signé **G. P. DIJON**, in-16.

La première édition in-12 avait paru en 1816. La marquise d'Andelare étant morte en 1821, M. Peignot fut chargé de cette édition, à laquelle il fit de notables additions.

1823.

39. Manuel du bibliophile ou traité du choix des livres, contenant des développements sur la nature des ouvrages les plus propres à former une collection précieuse, etc. **DIJON,** *Victor Lagier.* 2 vol. in-8°, t. 1er, LX — 413 pages; t. 2e, 492 pages. **DIJON,** *de l'imprimerie de Frantin.*

Édition tirée à 1000 exempl. pap. ordin., 10 sur pap. fin d'Angoulême; 8 exempl. sur pap. rose. Prix : pap. ordin. 12 fr., pap. fin, 14 fr.

Cet ouvrage utile est une réimpression très-développée du *Traité du choix des livres.* **Voy.** n° 29.

1824.

40. Relation des deux missions de Dijon, l'une en 1737, l'autre en 1824, par **M.* L.* T. I. D. E. DI-**

JON, *Victor Lagier*, 3 mai. In-12 de IV — 75 pages. DIJON, *de l'imprimerie de Frantin.*

Opuscule rédigé en trente-six heures : l'édition, tirée à 500 exemplaires, fut épuisée en huit jours.

— *La même relation.* — Nouvelle édition corrigée et augmentée d'une notice sur l'origine des missions en France. DIJON, *Victor Lagier*, 20 mai .In-12 de XX— 76 pages. *De l'imprimerie de Frantin.*

Tiré à 500 exempl., dont 50 sur pap. fin. Prix : 1 fr. 50.

41. Mémorial religieux et biblique, ou choix de pensées sur la religion et sur l'écriture sainte. DIJON, *Victor Lagier*. In-18 de XI — 283 pages, *de l'imprimerie de Frantin.*

Tiré à grand nombre. Prix 2 fr. 50 c.

42. Lettre à M. C. N. A***. (Amanton) sur un ouvrage intitulé : *les Poëtes françois depuis le XIIe siècle jusqu'à Malherbe* ; avec une notice historique sur chaque poëte. — A cette lettre est ajoutée une notice sur la nouvelle édition des *Evvres de Lovise Labé Lionnoize,* par M. C. N. A***. PARIS, *A. A. Renouard.* Octobre. In-8° de 16 pages. DIJON, *de l'imprimerie de Frantin.*

Tiré à 50 exempl. Extrait du *Journal de Dijon et de la Côte-d'Or,* des 13, 16 et 23 octobre 1824.

1825.

43. Notice sur la vie et les ouvrages de Dom Jamin, religieux bénédictin de la congrégation de saint Maur. DIJON, *Victor Lagier*. In-12 de 12 pages, *des imprimeries de Frantin et Carion.*

Cette notice se trouve à la tête d'une nouvelle édition de trois ouvrages de Jamin, publiée par M. Peignot. Ces trois ouvrages sont : *les Pensées théologiques*, in-12; *le Fruit de mes lectures*, in-12; et le *Traité de la lecture chrétienne.*

Cet opuscule, tiré à part à un très-petit nombre d'exemplaires, est devenu d'une rareté insigne.

1826.

44. Recherches historiques sur les Danses des morts.— Analyse de toutes les recherches publiées jusqu'à ce jour sur l'origine et l'histoire des Cartes à jouer. DIJON, *Victor Lagier* ; PARIS, même maison. 1 vol. in-8° de LX — 367 pages, orné de 5 lithographies et de vignettes. Ce volume est ainsi divisé : *Recherches sur les Danses des morts*, pages 1 —194 ; *Recherches sur les Cartes à jouer*, pages 199 — 306; les additions et la table, page 307 — 367.

Tiré à 300 exempl. sur papier fort d'Annonay et 10 sur papier vélin. Prix : 9 fr. pap. ord., 12 fr. pap. vélin.

Ouvrage intéressant devenu rare. M. Peignot avait fait précéder cette curieuse publication de *recherches sur les Danses des morts, sur leur origine présumée, et particulièrement sur cette question : les anciens ont-ils connu cette sorte de danse?* Lues à l'Académie de Dijon, le 24 avril 1825.

45. Sur les lettres de Henry VIII à Anne Boleyn, publiées par M. Crapelet. (Lettre à M. Amanton.) DIJON, décembre, in-8° de 23 pages. *De l'imprimerie de Noellat.*

Tiré à 10 exempl. numérotés à la presse, sur pap. de paille très-blanc, plus 5 sur papier ordin. Cette lettre avait paru dans le *Journal de Dijon* des 11, 15 et 18 novembre.

— En même temps qu'elle paraissait à Dijon, M. Crapelet la réimprimait à Paris, sous le titre suivant : *Lettre de M. G. Peignot à M. G. N. Amanton, à Dijon, sur l'ouvrage intitulé : Lettres de Henri VIII à Anne Boleyn.* PARIS, *Crapelet.* Décembre 1826. Grand in-8° de 24 pages. VESOUL, *de l'imprimerie de Bobillier.*

Tiré à 50 exempl. sur pap. jésus-vélin, 12 sur pap. de Hollande, et les 5 exempl. de dépôt sur pap. ordin.

L'édition de Paris est devenue presque aussi introuvable que celle de Dijon.

1827.

46. Documents authentiques et détails curieux sur les

dépenses de Louis XIV, en bâtiments, et châteaux royaux (particulièrement Versailles) ; en gratifications et pensions accordées aux savants, gens de lettres et artistes, depuis 1663, etc. PARIS, *J. Renouard*, et (DIJON), *Lagier*. In-8° de XIX—174 pages, avec un beau portrait de Louis XIV. DIJON, *de l'imprimerie de Frantin*.

Tiré à 275 exempl. sur pap. fin et 25 sur pap. vélin. Prix : 4 fr. 50 c., sur pap. vélin, 8 fr.
Ouvrage curieux et intéressant.

47. Essai chronologique sur les mœurs, coutumes et usages anciens les plus remarquables dans la Bourgogne. DIJON. 1er janvier. In-12 de 80 pages, *de l'imprimerie de Noellat*.

Cet opuscule fait partie de l'*Annuaire de la Côte-d'Or* pour 1827. Tiré à part à 100 exempl.

1828.

48. Du luxe de Cléopâtre dans ses festins ; extrait lu à l'Académie de Dijon, le 15 juillet 1827. DIJON, in-8° de 23 pages, *de l'imprimerie de Frantin*.

Tiré à 75 exempl. d'après M. Peignot lui-même ; à 100 exempl. si l'on en croit M. Beuchot. (*Bibl. de la France*, année 1828, n° 2741.)

49. Histoire de la passion de Jésus-Christ, composée en 1490 par le R. P. Olivier Maillard ; publiée en

en 1828 comme monument de la langue française au XVᵉ siècle, avec une notice sur l'auteur, des notes et une table des matières. 1 vol. grand in-8°, papier fort, de XXIV — 119 pages. PARIS, *de l'imprimerie de Crapelet.*

Édition de luxe tirée à 200 exempl. jésus-vélin, et 10 exempl. pap. de Hollande.

Annoncé dans le catalogue Crapelet, au prix de 10 fr. 50 c. exempl. jésus-vélin, avec une figure du Christ, gravée par Lignon; le même, cart. sans la figure, 8 fr.

— Réimpression en 1835, gr. in-8°.

50. Notice sur Buffon, sur ses biographes et particulièrement sur Hérault de Séchelles, en tête d'une nouvelle édition du voyage à Montbard, fait en 1785. DIJON, *Noellat,* 1828. In-18.

La première édition avait été publiée en 1785 sous le titre de *Visite à Buffon* (par Hérault de Séchelles), in-8° de 53 p.

La deuxième en 1801, sous le titre de *Voyage à Montbard* (Paris, Solvet, in-8°).

« Cette notice, dit M. Peignot dans son catalogue de 1830, devrait être signée G. P., ainsi que les notes qui accompagnent cette nouvelle édition, dont j'ai retranché les passages impies et obscènes. — En 1822, on m'avait demandé ce travail, je l'ai donné avec plaisir sur-le-champ, on m'en a remercié, la publication a été différée, et je n'y pensais plus, lorsque l'ouvrage a paru en 1828, sans que j'en fusse prévenu. C'est bien certainement par une erreur typographique qu'un autre nom se trouve au bas de cette notice, car je connais la délicatesse et les procédés constamment honnêtes de celui qui a fait imprimer ce petit volume; il est incapable de se parer des plumes du paon ; et d'ailleurs, à quel triste paon se serait-il adressé ! Je n'ai, hélas ! que des plumes de corbeau. Il est pourtant vrai que j'aurais pu les employer quelquefois à rappeler à plus d'un écrivain le sage axiome : *Cuique suum.* »

Nous avons cité avec plaisir cette note de M. Peignot qui peint si bien la douce et placide philosophie de ce modeste écrivain.

Le travail d'éditeur qu'il s'est imposé pour cette publication, nous a paru assez important pour mériter à ce petit volume l'honneur d'être compris parmi les ouvrages imprimés de M. Peignot ainsi que nous avons fait pour les nᵒˢ 38, 43, 61 et 62.

1829.

51. Recherches historiques sur la personne de Jésus-Christ, sur celle de Marie, etc., avec des notes philologiques, des tableaux synoptiques et une ample table des matières, par un ancien bibliothécaire, avec cette épigraphe :

> *Et quærebant videre Jesum, quis esset.....*
>
> S. LUC, — XIX, 3.

1 vol. in-8° de XXIII — 275 pages. DIJON, *Lagier;* PARIS, *Adrien Leclère, Gaume frères; de l'imprimerie de Frantin.*

Tiré à 1000 exempl. et 25 sur pap. vélin. Prix : 4 fr. 50 c.

— Les mêmes recherches, 2ᵐᵉ édition, conforme à la première. PARIS, *de l'imprimerie de Crapelet,* 1835.

Tiré à 1000 exemplaires, et 25 sur papier vélin.

52. Choix de testamens anciens et modernes, remarquables par leur importance, leur singularité ou leur bizarrerie, etc., avec cette épigraphe :

Testamentà hominum speculum esse morum vulgò creditur.

PLIN. JUN. VIII, ep. 18.

2 vol. in-8°. T. Ier, XXIV — 431 pages ; T. II, 496 pages. PARIS, *Renouard*, et DIJON, *V. Lagier*. VESOUL, *de l'imprimerie de Bobillier*.

Tiré à 1000 exempl. et 20 sur pap. superfin. Prix : 9 fr. et 12 fr.

53. Lettre sur une nouvelle édition des œuvres de Du-cerceau (publiée par **A.** Périgaud). DIJON ; in-8° de 12 pages, petit-romain, *de l'imprimerie de N. Odobé.*

Tiré à 75 exempl.

54. Lettre à **M. C. N.** Amanton, sur un nouvel ou-vrage relatif aux costumes des femmes depuis le milieu du XIIe siècle. DIJON ; in-8° de 12 pages, *de l'imprimerie de N. Odobé.*

Tiré à 75 exempl., suivant M. Peignot ; à 50 exempl., suivant M. Quérard.

L'ouvrage dont il est question a pour titre : *Galerie française des femmes célèbres par leurs talents, leur rang ou leur beauté.* Paris, de l'impr. de Crapelet, 1827 ; grand in-4°, fig.

55. Lettres (deux) à **M. C. N.** Amanton, sur deux ma-nuscrits précieux du temps de Charlemagne. DIJON ; in-8° de 29 pages, *de l'imprimerie d'Odobé.*

Tiré à 100 exempl.

Ces lettres sont relatives à l'annonce que les journaux de janvier 1829 firent de la *Bible du temps de Charlemagne,* que possédait M. Speyr, de Bâle.

56. Histoire d'Hélène Gillet, ou Relation d'un événement extraordinaire et tragique, survenu à Dijon dans le XVIIe siècle, suivie d'une notice sur des lettres de grâce singulières, expédiées au XVe siècle, par un ancien avocat. DIJON, *Victor Lagier.* In-8° de de XII — 59 pages, *de l'imprimerie d'Odobé.*

Tiré à 500 exempl. plus 4 sur pap. violet, et 4 sur pap. gris de lin.

1830.

57. De l'ancienne bibliothèque des ducs de Bourgogne de la dernière race, ou Catalogue d'une partie des livres composant l'ancienne bibliothèque de ces ducs, etc., précédé d'une lettre à M. C. N. Amanton. PARIS, *Jules Renouard.* In-8° de XXX — 60 pages. DIJON, *de l'imprimerie d'Odobé.*

Tiré à 93 exempl., 10 sur pap. vélin et 2 sur pap. rose. Prix : 4 fr. 50 c.

— 2me Édition, 1841. Catalogue d'une partie des livres composant la bibliothèque des ducs de Bourgogne au XVe siècle. 2e Édition, revue et augmentée du catalogue de la bibliothèque des Dominicains de Dijon, rédigé en 1307. DIJON, *Victor Lagier,* 1841. In-8°.

Prix : pap. collé des Vosges, 4 fr.

58.   Recherches sur l'époque où les premiers chrétiens, les Romains et les peuples d'Occident ont commencé à adopter *la Semaine*, c'est-à-dire la division des jours du mois en nombre septénaire. *Mémoire lu à la commission des antiquités* (Académie de Dijon), *dans la séance du 6 août* 1829. DIJON, *Lagier*, et PARIS, *Jules Renouard*. In-8° de 48 pages. DIJON, *de l'imprimerie de Frantin*.

Tiré à 100 exempl. dont 15 sur pap. vélin, et 4 sur pap. jaune. Suivant M. Quérard, 50 seulement ont été mis dans le commerce.

59.   Notice des ouvrages de bibliologie, d'histoire, de philologie, d'antiquités, de littérature, tant imprimés que manuscrits, de Gabriel P...., avec cette épigraphe :

Opusculum, amicorum gratiâ tantùm, amici prelo subjectum

In-8° de VIII — 52 pages. PARIS, *de l'imprimerie de Crapelet*.

Tiré à petit nombre pour les amis et correspondants de l'auteur. Ce petit catalogue, qui se vendait primitivement 2 fr. 25 c., est maintenant un des rares ouvrages de M. Peignot : il vaut de 12 à 15 fr.

— M. Quérard fait mention d'un autre catalogue de Peignot qui aurait précédé celui-ci dans l'ordre chronologique ; il serait intitulé : Notices de quelques livres de la bibliothèque de M.... DIJON. *Lagier*, 1826. In-8°.

Sans aucune espèce d'indication. N'ayant jamais pu voir ce volume, nous ne ferons que l'indiquer ici, sans pouvoir garantir son existence.

60. Précis historique, généalogique et littéraire de la maison d'Orléans, par un membre de l'université. Paris, *Crapelet*. In-8° de xxii—172 pages avec portrait.

Prix : avec portrait : 5 fr.; sur grand pap. jésus vélin, avec le portrait avant la lettre et sur chine, 18 fr.

On n'a tiré que 50 exempl. de ce dernier papier.

1831.

61. Voyage de Piron à Beaune (en 1717), publié pour la première fois séparément et avec toutes les pièces accessoires, etc., grand in-8° de 47 pages. Dijon, *Charles Brugnot, imprimeur-éditeur.*

20 exempl. de cette édition sont augmentés du *Compliment des dames Poissardes de Paris au Roi*, rédigé par Piron en 1744, grand in-8° de 6 pages.

Ce petit volume publié par Gab. Peignot avec des notes historiques et une préface de l'*éditeur* doit figurer dans son catalogue.

62. Virgile Virai en bourguignon; choix des plus beaux livres de l'Énéide, suivis des principaux épisodes tirés des autres livres, par divers auteurs bourguignons, avec un discours préliminaire par G. P. et des sommaires et notes par C. N. Amanton. Dijon, *Victor Lagier*. In-18 de xlviii — 323 pages.

Édition très-soignée ; tirée aux frais d'un amateur de Dijon,

(M. Bern. Jol...) à 244 exempl. sur pap. fin grand raisin, et 6 sur grand pap. de Hollande. Prix : 5 fr.

Le discours préliminaire de M. Peignot avait été prononcé par lui dans une séance de l'Académie de Dijon, plus de dix ans auparavant, et imprimé dans le compte rendu des travaux de cette Académie. (Ann. 1820, pag. XLI-XLII.)

1832.

63. Nouvelles recherches littéraires, chronologiques et philologiques sur la vie et les ouvrages de Bernard de la Monnoye. DIJON, *Victor Lagier*, et PARIS, *Jules Renouard*. In-8° de XII — 80 pages, avec portrait et fac-simile.

Tiré à 100 exempl., dont 12 sur pap. vélin.
Prix : 2 fr.
M. Raynouard, membre de l'Institut, a rendu compte de cet ouvrage dans le *Journal des savants*, avril 1832. In-4°, pag. 225-235.

64. Notice sur 22 grandes miniatures ou tableaux en couleur, réunis en tête d'un manuscrit du XV⁰ siècle (appartenant au grand hôpital de Dijon), précédée de quelques recherches sur l'usage d'enrichir les livres de ces sortes d'ornements chez les anciens et au moyen âge. DIJON, *Victor Lagier*. In-8° de 56 pag.

Tiré à 100 exempl. — Le *Journal de la librairie* n'annonce pas cet ouvrage, — un des rares volumes de la collection.

Ces 22 miniatures ont été gravées et insérées dans l'histoire de la fondation des hôpitaux, etc. *Voy.* n° 87.

65. Essai historique sur la liberté d'écrire chez les an-

ciens et au moyen âge, et sur la liberté de la presse
depuis le xvᵉ siècle, etc. ; suivi d'un tableau synoptique de l'état des imprimeries en France en 1704,
1739, 1810 et 1830, et d'une chronologie des lois
sur la presse, de 1789 à 1831. PARIS, *Crapelet, Delaunay* et *G. Pissin.* In-8° de XXI—218 pages, dont
16 de table. PARIS, *de l'imprimerie de Crapelet.*

Prix : 4 fr. 50.

66. Tableau de mœurs au xᵉ siècle, ou la Cour et les
lois de Hoël le Bon, roi d'Aberfraw, de 907 à 948 ;
suivi de cinq pièces de la langue française aux xiᵉ
et xiiiᵉ siècles, etc. PARIS, *Crapelet,* grand in-8° sur
jésus vélin, de x — 104 pages. PARIS, *de l'imprimerie de Crapelet.*

Édition de luxe, se vendait 12 fr.
Ce volume fait partie de la *Collection des anciens monuments
de l'histoire et de la langue française*, publiée par M. Crapelet,
et en forme le xᵉ volume. Il a été tiré à part à petit nombre et est
devenu fort rare.

Malgré la réclamation de M. Peignot dans le *Journal de la
librairie* (voyez le n° 22), nous reparlerons ici d'un ouvrage important, publié en 1813, réimprimé en 1822, puis enfin cette même
année 1832, sous le titre de :

67. Dictionnaire historique et bibliographique, contenant
l'histoire des personnages qui se sont fait un nom
par leurs écrits, leurs inventions, leurs découver-

tes, etc., par L. G. Peignot (en toutes lettres).
PARIS, *chez Philippe, libraire, de l'imprimerie de
Moëssard.*

Quatre parties formant 3 vol. reliés ordinairement en quatre
tomes. — Le premier vol. est précédé de XIV — 32 feuilles prélim.,
contenant outre le titre, une table des abréviations et une table des
renvois, un *Système encyclopédique et bibliographique de
toutes les connaissances humaines,* classé de manière à faciliter
l'ordre et l'arrangement des tomes dans une bibliothèque.

En admettant que M. Peignot ait consenti à prêter son nom à un
éditeur pour une opération de librairie aussi importante que le
Dictionnaire, ce qui est possible, nous devons dire que cette partie
intitulée : *Système encyclopédique et bibliographique* et plusieurs notices, portent avec elles un cachet d'individualité qui ne
nous permet pas de mettre en doute l'authenticité de la participation
de M. Peignot à la rédaction de ce livre.

Tiré à 1500 exempl., dont 50 sur pap. vélin.

1833.

68. L'illustre Jaquemart de Dijon, détails historiques,
    instructifs et amusants sur ce haut personnage, domi-
    cilié en plein air dans cette ville depuis 1382 jusqu'en
    1832, etc. DIJON, *Victor Lagier.* In-8° de XVI —
    91 pages, avec une lithographie.

Publié à 250 exempl., sous le pseudonyme de P. Berigal, qui est
l'anagramme du prénom de l'auteur (Gabriel P.). Prix : 2 fr. 50 c.

69. Détails historiques sur le château de Dijon, depuis
    le XVe siècle jusqu'au temps présent, suivi d'une
    notice chronologique sur les entrées des rois et reines

de France à Dijon. DIJON, *Victor Lagier*. In-8° de 47 pages.

Tiré à 100 exempl., plus 10 sur pap. vélin. Prix : 1 fr. 50 c.

70. Histoire morale, civile, politique et littéraire du Charivari, depuis son origine vers le ive siècle jusqu'à l'an de grâce 1833, etc., par le docteur Calybariat, de Saint-Flour ; suivi du complément de l'histoire du Charivari jusqu'à l'an de grâce 1833, par Éloi-Christophe Bassinet, sous-maître à l'école primaire de Saint-Flour et aide-chantre à la cathédrale. PARIS, *Crapelet* et *Delaunay*. In-8° de VIII — 326 pages. PARIS, *de l'imprimerie de Crapelet*.

Tiré à petit nombre. Prix : 5 fr.
Un des rares volumes de la collection.

71. Géographie statistique et spéciale de la France, par G. P... DIJON, *Victor Lagier*. In-12 de 110 pages.

Tiré à très-grand nombre pour les écoles primaires. Prix : 1 fr.

1834.

72. Essai historique sur la reliure des livres et sur l'état de la librairie chez les anciens. DIJON, *Victor Lagier*; PARIS, *Jules Renouard*. In-8°, fig., de 84 p. DIJON, *de l'imprimerie de Frantin*.

Imprimé à 200 exempl., dont quelques-uns sur pap. particulier :

nous en connaissons deux exempl. sur grand pap. vélin superfin.
Prix, pap. ordin. : 2 fr. 50 c.

Cet opuscule avait été imprimé d'abord dans les *Mémoires de l'Académie de Dijon*.

1835.

73. Essai sur l'origine de la langue française et sur un recueil de monuments authentiques de cette langue depuis le IXe, jusqu'au XVIIe siècle, etc., avec 4 fac-simile. (Extrait des *Mémoires de l'Académie de Dijon*, lu dans la séance du 27 août 1834.) DIJON, *Victor Lagier;* PARIS, *Jules Renouard* et *Techner* (sic), *de l'imprimerie de Frantin.* In-8° de 112 pages.

Tiré à 150 exempl., dont plusieurs sur pap. particulier. Prix : 3 fr. 50 c.

Cet opuscule fut également publié dans la XLIe livraison de la *France littéraire*, ouvrage publié par M. Ch. Malo.

74. Les Bourguignons salés : diverses conjectures sur l'origine de ce dicton populaire. DIJON, *Victor Lagier;* PARIS, *Techner* (sic). In-8° de 48 pages.

Tiré à 150 exempl., dont 6 sur pap. particulier. Prix : 1 fr. 50 c.

1836.

75. Recherches historiques et bibliographiques sur les autographes et sur l'autographie. DIJON, *Victor La-*

gier; Paris, *Techner* (sic). In-8° de 90 pages, plus 8 f. lim. Dijon, *de l'imprimerie de Frantin.*

Tiré à 180 exempl., dont plusieurs sur pap. vélin.

Cet opuscule est précédé d'une lettre autographiée, en forme de dédicace, de l'auteur à un ami.

76. La Selle chevalière. Dijon, *Victor Lagier;* Paris, *Techner* (sic). In-8° de 18 pages. Dijon, *de l'imprimerie de Frantin.*

Tiré à 180 exempl.

77. D'une pugnition divinement envoyée aux hommes et aux femmes pour leurs incontinences désordonnées (en 1493), par Stephen Baliger, D. M., à Naples et en France. Paris, *Techner* (sic). In-8° de xii — 62 pages.

Tiré à 300 exempl. pap. ordin., 20 pap. fort.

Baliger est l'anagramme du prénom de notre auteur, *Gabriel.*

78. Recherches historiques et philologiques sur la philo-tésie ou usage de boire à la santé chez les anciens, au moyen âge et chez les modernes. Dijon, *Victor Lagier.* In-8° de 51 pages, *de l'imprimerie de Frantin.*

Tiré à 150 exempl., dont 10 sur pap. particulier. Prix : 2 fr..

79. Nouvelles recherches sur le dicton populaire: Faire ripaille. Dijon, *Victor Lagier.* In-8° de 15 pages.

Tiré à 200 exempl., dont plusieurs sur pap. particulier. Prix : 75 c.

80. De la liberté de la presse à Dijon, au commence-
ment du xviie siècle, ou histoire de l'impression d'un
opuscule en patois, publié en 1609, sur la démolition
du château de Talant. DIJON, *Victor Lagier*. In-8° de
12 pages, *de l'imprimerie de Frantin.*

Tiré à 150 exempl., dont quelques-uns sur pap. de couleur.
Prix : 75 c.

81. Souvenirs relatifs à quelques bibliothèques des
temps passés. DIJON, *Victor Lagier.* In-8° de 23 pages,
de l'imprimerie de Frantin.

Tiré à 170 exempl., dont 4 sur pap. vélin, 2 sur pap. roux, 2 sur
pap. jaune. Prix : 75 c.
Cet opuscule est devenu rare.

82. Souvenirs relatifs à Saint-Paul de Londres, etc. DI-
JON, *Victor Lagier;* PARIS, *Techner* (sic). In-8° de
15 pages.

Tiré à 100 exempl. Prix : 75 c.

83. De Pierre Arétin. Notice sur sa fortune, sur les
moyens qui la lui ont procurée et sur l'emploi qu'il en
a fait. DIJON, *Victor Lagier*, et PARIS, *Techner.* In-
8° de 14 pages, *de l'imprimerie de Frantin.*

Tiré à 100 exempl. Prix : 75 c. (Rare.)

1837.

84. Recherches sur le luxe des Romains dans leur

ameublement, etc. DIJON, *Victor Lagier*. In-8° de
XII — 94 pages, *de l'imprimerie de Frantin.*

Tiré à 150 exempl., plusieurs sur pap. particulier. Prix : 2 fr. 50.
Extrait des *Mémoires de l'Académie de Dijon*, année 1836.

85. Nouveaux détails historiques sur le siége de Dijon
par les Suisses, en 1513, etc. DIJON, *Douillier*. In-4°
de VIII — 47 pages, avec fac-simile.

Tiré à 150 exempl., plusieurs sur pap. particulier.

86. Notice sur la vie et les ouvrages de M. C. N. Amanton, membre de l'Académie des sciences, etc., de
Dijon. DIJON, *Victor Lagier*. In-8° de 23 pages.

Tiré à 80 exempl.

1838.

87. Histoire de la fondation des hôpitaux du Saint-Es-
prit de Rome et de Dijon, représentée en 22 sujets
gravés d'après les miniatures d'un manuscrit du XVe
siècle. DIJON. In-4° de 100 pages, avec 22 gravures
au trait. (Voyez n° 64.) *De l'imprimerie et fonderie
de Douillier,* à Dijon.

Tiré à 100 exempl. (Très-rare.)

88. Recherches sur les diverses opinions relatives à

l'origine et l'étymologie du mot *Pontife*. DIJON, *Victor Lagier*. In-8° de 28 pages.

Tiré à 130 exempl., plusieurs sur pap. particulier. Prix : 1 fr.

1839.

89. Quelques recherches sur d'anciennes traductions françaises de *l'Oraison dominicale* et d'autres pièces religieuses des IXe, X^e, XIe, XIIe, XIIIe, XIVe, XVe et XVIe siècles. DIJON, *Victor Lagier*. In-8° de 59 pages.

Tiré à 175 exempl., plusieurs sur pap. de couleur. Prix : 2 fr.

90. Notice sur un bas-relief représentant les figures mystérieuses et symboliques dont les quatre évangélistes sont ordinairement accompagnés ; suivie de recherches sur l'origine de ces symboles. In-4° de 16 pages, fig. DIJON, *de l'imprimerie et fonderie de Douillier.*

Tiré à part à 60 exempl. Prix : 1 fr. (Très-rare.)
(Cette notice avait été lue à la *Commission des Antiquités*, année 1838.)

1840.

91. Quelques recherches sur le tombeau de Virgile au mont Pausilipe. In-8° de 36 pages. DIJON, *Victor Lagier, de l'imprimerie de Frantin.*

Tiré à 175 exempl., dont plusieurs sur pap. exceptionnel. Prix : 1 fr. 50 c.

L'éditeur a imprimé en suite de cet opuscule une *Liste de quelques ouvrages et opuscules* de Gabriel P......, pour faire suite au catalogue de 1830.

1841.

92. Le livre des singularités, par G. P. Philomneste, auteur des *Amusements philologiques*, avec cette épigraphe :

> Non juvat assidue libros tractare severos,
> Sed libet ad dulces etiam descendere lusus.
> JOHAN. POSTHIUS.

DIJON, *Victor Lagier,* et PARIS, *Pelissonnier.* 1 vol. in-8° de XVI — 464 pages, *de l'imprimerie de Frantin.*

Tiré à grand nombre. Quelques exempl. ont été tirés sur pap. vergé des Vosges. Prix : sur pap. ordin. : 6 fr.; sur pap. vergé, 7 fr.

3 pages d'*errata* et d'additions, qui n'avaient pu être jointes à l'édition, ont été imprimées à la suite du livre intitulé *Predicatoriana.* (*Voy.* n° 94.)

93. Recherches historiques sur l'origine et l'usage de l'instrument de pénitence appelé Discipline. DIJON, *Victor Lagier.* In-8° de 26 pages, plus 5 pages de catalogue, *de l'imprimerie de Frantin.*

Tiré à 300 exempl., plusieurs sur pap. particulier. Prix : 1 fr. 50 c. Ces recherches ont été insérées (pag. 399-422) dans l'ouvrage intitulé *Predicatoriana* (*Voy.* n° 94).

94. Predicatoriana, ou Révélations singulières et amusantes sur les prédicateurs, etc., suivies de quelques

mélanges curieux avec notes et tables, par G. P. Philomneste, auteur des *Amusements philologiques*. DIJON, *Victor Lagier;* PARIS, *Pelissonnier,* 1 vol. in-8° de XXIV — 444 pages. DIJON, *de l'imprimerie de Frantin.*

Tiré à 1000 exempl., dont quelques-uns sur pap. fin. Prix : pap. ordin., 6 fr.; pap. collé des Vosges, 7 fr. 50 c. — On doit trouver à la suite : *le Songe du petit père André,* sans titre. Dijon, *V. Lagier,* 1841. In-8° de 8 pag. — *Panégyrique de sainte Madeleine* (sic), prononcé à Besançon par M. Belon, prêtre, docteur en théologie, sans titre (*id. ibid.*). In-8° de 38 pag. Et de plus 3 pages d'*errata et d'additions,* qui complètent le *Livre des singularités.* (N° 92.)

Un article critique sur cet ouvrage parut dans le *Bulletin du Bibliophile,* en 1841. Il est signé G. Brunet.

Nous pouvons joindre à ces 94 ouvrages les deux pièces suivantes, qui complètent l'*œuvre* de Gabriel Peignot.

95. Supplément à la première édition du catéchisme dogmatique et moral, par M. Couturier, en 3 volumes in-12. DIJON 1821, in-12 de 59 pages.

Ce supplément fut tiré à part, à petit nombre, pour compléter la première édition de ce catéchisme. Il fut imprimé par Frantin, à Dijon en 1823. Les prières qu'il renferme avaient été composées par M. Couturier, pour terminer chaque leçon de son catéchisme. Elles se trouvent dans la deuxième édition en 4 vol. in-12.

96. Recherches historiques et bibliographiques sur les imprimeries particulières et clandestines qui ont existé tant en France qu'à l'étranger depuis le XVe

siècle jusqu'à nos jours, avec indication des principaux ouvrages sortis de ces sortes de presses. In-8° de 16 pages. PARIS, *de l'imprimerie de E. Duverger.*

PROSPECTUS.

Ce prospectus contient la liste chronologique de 88 imprimeries particulières et clandestines découvertes depuis 1471 jusqu'à 1839.

Quelques omissions dans cette liste ont donné lieu à un intéressant et consciencieux article de M. Colomb de Batines, publié dans le *Bulletin du Bibliophile*, 1840, 4e série.

L'ouvrage devait former un vol. de 400 à 500 pages sur pap. verger. — Prix : 10 fr. On souscrivait à Paris, chez Alkan aîné, éditeur. Malheureusement le livre n'a pas paru.

Nous ajouterons à cette longue énumération le volume suivant, qui nous paraît un complément indispensable de ce qui précède :

Catalogue de la bibliothèque de feu Gabriel Peignot, avec cette épigraphe qu'il affectionnait :

Pluribus horis rei litterariæ vixi quam meæ.

1 vol. in-8° de III—535 p. PARIS, *Techener,* 1852.

Ce catalogue intéressant contenait 4406 numéros formant un total de plus de 10,000 volumes. On y remarquait un ensemble imposant d'ouvrages sur la Bourgogne et une collection considérable de livres sur la bibliographie (près de 400 numéros). Un grand nombre de volumes de cette bibliothèque étaient chargés de notes et d'additions intéressantes écrites d'une main ferme et nette par M. Peignot. On les recherchera sans doute un jour comme on se dispute aujourd'hui ceux qui furent jadis annotés par Jamet le Jeune, la Monnoye ou l'abbé de Saint-Léger.

Le produit total de la vente fut de 28,594 fr. 75 c.

———

Nous croyons devoir faire suivre l'énumération qui précède d'une liste abrégée des plus importants parmi les articles publiés par M. Peignot, dans différentes Revues ou Journaux littéraires, pendant une période laborieuse de près d'un demi-siècle.

En outre des nombreux articles fournis à la 9ᵉ édition du *Dictionnaire historique* de MM. Chaudon et Delandine, de la *table littéraire chronologique* en 306 p. grand in-8° qui termine ce dictionnaire, des articles fournis à la *Biographie universelle,* que nous ne relèverons pas, puisque M. Peignot n'a pas jugé à propos de les indiquer dans son catalogue de 1830, voici l'indication des pièces principales que le fécond écrivain avait données aux recueils périodiques du temps, que nous classerons par ordre alphabétique.

———

Archives historiques, statistiques et littéraires du département du Rhône.

Petite bibliothèque xéniographique, ou notice raisonnée des ouvrages qui ont paru sur les étrennes, depuis le XVIe siècle jusqu'en 1829. 24 pag. in-8° (Lyon, 1828, tome IX, pag. 114-137.)

M. Peignot laisse dans ses manuscrits un ouvrage intitulé *Histoire de la fête du nouvel an et des étrennes,* chez les peuples anciens et modernes, dont est extrait l'article que nous venons de citer.

Bulletin du Bibliophile. PARIS, *Techener.* Recueil mensuel important fondé en 1834.

De quelques dates bizarres, singulières et énigmatiques, qui se rencontrent dans les souscriptions d'anciens ouvrages et ailleurs. 1834, n° 12, p. 14-16.

Anecdotes bibliographiques. — Chapitre des regrets causés par l'ignorance. Mars 1835, n° 15, p. 13-15.

Histoire des dédicaces d'Érasme, racontées par lui-même. — Ont-elles beaucoup contribué à augmenter sa fortune ? 1836, 2e série, p. 11-15.

Sur les incunables exécutés au XVe siècle dans les villes de France par des ouvriers d'Allemagne, typographes ambulants. 1836, 2e série, p. 18-19.

Sur un missel curieux. 1836, 2e série, p. 59-60.

Quelques anecdotes sur un original (Daniel Dumoustier), espèce d'amateur de livres, dans le XVIe et le XVIIe siècle. 1836, 2e série, p. 251-254.

Nouveau renseignement sur la date de l'introduction de l'Imprimerie en Amérique. 1836, 2e série, p. 332-333.

Notice historique et bibliographique sur l'imprimerie particulière établie par sir Thom. Johnes à Hafod, vers 1800. 1837, p. 524-526.

Singulière relique. La queue de l'âne qui porta le Sauveur, lors de son entrée triomphante à Jérusalem; laquelle queue est conservée dans le trésor du couvent des dominicains à Gênes. 1838, p. 252-254.

Sottises incroyables des errants touchant la vie de l'autre monde, ou observations critiques du père Garasse sur le paradis de Papias, de Mahomet, de Luther, de Brentius, etc. 1838, 3e série, p. 255-259.

Origine du petit cochon de saint Antoine, selon les anciennes légendes. 1838, 3e série, p. 306-308.

Notice sur Gilles de Rome et sur son traité ou gouvernement du Prince. 1838, 3e série, p. 358-366.

Notice sur quelques prières manuscrites de la fin du xvie siècle. 1839, 3e série, p. 588-591.

Sur un passage de la vie de Pétrarque, relatif au pape Benoît XII. 1839, 3e série, p. 727-729.

Notice et extraits d'un livre intitulé : *Exhortation aux dames vertueuses; en laquelle est démonstré le vray poinct d'honneur.* Paris, Lucas Breyer, 1598, petit in-12 de 46 pag. 1839, 3e série, p. 885-893.

Sur le livre des Prêtres. 1838, 3e série, p. 6-8.

D'un livre rare et singulier. 1838, 3e série, p. 448-450.

Notice sur quelques poésies Bourguignonnes, 1840, 4e série, p. 33-35.

Comptes rendus des travaux de l'Académie des sciences, arts et belles-lettres de Dijon. In-8°.

Fragments sur la somptuosité des Romains dans leurs triomphes, leurs spectacles, leurs bâtiments, leurs repas, leur ameublement, etc.

Lus à l'Académie et mentionnés; année 1818, p. 103-104.

Recherches sur le *Virgile virai en borguignon*, par le conseiller Pierre Dumay, l'abbé Paul Petit, et le R. P. Pierre Joly, dominicain.

Lues à l'Académie et mentionnées; 1820, pag. XLI-XLII.

Notice nécrologique sur D. Xav. Girault, membre de l'Académie des sciences, arts et belles-lettres de Dijon; année 1824, p. 275-281.

Recherches sur les Danses des Morts, sur leur origine présumée et particulièrement sur cette question : Les anciens ont-ils connu cette sorte de Danses?

Lues à l'Académie le 24 avril 1825, et insérées au compte rendu de la même année, p. 213-239.

Mémoire sur différents objets, tels que couteaux, cuillers, nappes, serviettes, plats, assiettes, vases, coupes, etc., dont les Romains faisaient usage pendant le repas et pour le service de table.

Lu à l'Académie et mentionné au compte rendu; 1827, p. 180 104.

Ce fragment faisait partie d'un ouvrage laissé manuscrit par M. Peignot, intitulé : *Traité du luxe et de la somptuosité des Romains dans leurs repas, considérés sous le rapport historique, descriptif et archéologique.* — Ce manuscrit devait former 2 vol. in-8°.

Notice sur deux écrits de M. Patris de Breuil, membre correspondant de l'Académie de Dijon, résidant à Troyes; année 1827, p. 213-217 et p. 220-222.

Rapport sur le concours proposé par l'Académie de Dijon. pour le prix d'éloquence en 1825; le sujet était : *Saint Bernard et Bossuet comparés dans leurs écrits, dans leurs caractères et dans l'influence qu'ils ont exercée sur leur siècle ;* année 1827, p. 223-241.

Notice sur un ouvrage important qui a paru à Dijon sous le titre d'*Annales du moyen âge*, par M. Frantin l'aîné, 8 vol. in-8°; 1827, p. 217-218.

Notice sur quelques pierres tumulaires antiques, et sur une inscription moderne, qui se trouvent dans le cimetière de Saulieu (Côte-d'Or). 1829, p. 276-279.

Lue à l'Académie le 17 août 1829.

Décade philosophique et littéraire.

Épître au Grand-Turc, pour lui redemander mon ami Beauchamps, envoyé en 1795 consul à Mascate, et retenu, depuis quatre ans, prisonnier d'État aux Sept-Tours. Paris, an VI (1798), 2e trimestre, p. 426-428.

Journal de Dijon. In-4°.

Lettre du 21 février 1822, sur une secousse de tremblement de terre ressentie à Dijon. Samedi 23 février 1822, p. 62.

Lettre sur le centenaire anglais Thomas Parr, né en mars 1483, mort à Londres, le 24 novembre 1635. 12 novembre 1825, n° 90, p. 350-351.

Lettre sur les rois de France qui ont porté le nom de Charles et qui sont au nombre de onze, non compris le cardinal de Bourbon, nommé illégalement Charles X par la Ligue. Mercredi 28 février 1827, n° 17, p. 66.

Lettre plaisante sur la longévité de certains animaux (un cerf et une chauve-souris). Mercredi 19 septembre 1827, n° 75, p. 299.

Analyse du roman intitulé: le Comte de Charny, dédié aux

Bourguignons (par M. Stéph. Arnoult). Paris, Dijon, 1829. In-8º.
Mercredi 1ᵉʳ avril 1829, nº 26, p. 102.

Journal de la librairie. In-8º, petit texte.

Notice sur les diverses éditions de l'*Art de vérifier les dates;*
année 1818, p. 352-355. Extrait des *Mélanges littéraires. Voy.*
nº 32 du catalogue précédent.

Lettre au rédacteur du Journal de la librairie, année 1822,
p. 688 : « dans laquelle je réclame contre l'insertion que plusieurs
libraires font, sous mon nom, dans leur catalogue d'un *Dictionnaire historique et bibliographique des personnages illustres.*
Paris, 1813 ; puis avec un nouveau titre : 1822, 3 ou 4 vol in-8º;
ouvrage qui m'est étranger, et dont je n'ai jamais possédé, ni même
vu un seul exemplaire complet. » Cette réclamation a été insérée
dans plusieurs autres journaux. *Voy.* nᵒˢ 22 et 67 du catalogue
précédent.

Lettre au rédacteur du Journal de la librairie, année 1824,
p. 181, pour justifier l'exactitude de la date d'un arrêt du parlement de Paris, rendu le mardi 1ᵉʳ mars 1551, contre *ung certain
liure maulvais exposé en vente soubz* le titre de Quatriesme
liure de Pantagrvel, etc.

Le Moyen âge et la Renaissance. Paris, 1851, 5 vol.
gr. in-4º, fig.

Parchemin, Papier (tom. ii). Signé : Gabriel Peignot, *de la
Société nationale des Antiquaires de France.*

Revue de la Côte-d'Or. Grand in-8º.

Synode tenu à Auxerre en 578. Dijon, 1836, t. ii, p. 379-383.

Dissertation historique et philologique sur un poisson d'ar-
gent et sur un œuf d'autruche, exposés dans une cathédrale dans
les xiiiᵉ et xivᵉ siècles. 1837, t. iii, p. 115-126.

Revue des Deux-Bourgognes. Grand in-8°.

Du célèbre concile de Mâcon, tenu en 585. 1836, t. Ier, p. 189-197.

Du gouvernement féodal, de la prestation de foi et hommage, et de la réunion des grands fiefs à la couronne. 1837, t. III, p. 162-181.

Spectateur de Dijon.

Du mois de juillet considéré comme fatal aux provocateurs de révolutions.

Le feuilleton de ce numéro est composé de neuf articles relatifs à :

1. Jacques Artevelt ou Artavelle, massacré le 17 juillet 1343.
2. Étienne Marcel, tué le 31 juillet 1358.
3. Balthasar Gérard, supplicié le 15 juillet 1584.
4. Thomas Aniello (Masaniello), massacré le 15 juillet 1647.
5. Le duc de Montmouth, décapité le 25 juillet 1685.
6. J.-P. Marat, poignardé le 13 juillet 1793.
7. Maximilien Robespierre, supplicié le 28 juillet 1794.
8. Louis Alibaud, supplicié le 11 juillet 1836.
9. Armand Barbès , condamné le 12 juillet 1839.

Parmi les nombreux manuscrits laissés par le regrettable écrivain dont nous nous occupons, nous mentionnerons seulement ceux dont nous désirerions plus particulièrement la publication, ceux auxquels son aptitude et ses connaissances spéciales assureraient, nous le pensons du moins, un succès de vogue.

Bibliothèque choisie des classiques latins, considérée sous le rapport historique, analytique, philologique et bibliographique; précédée de l'histoire de la langue latine.

Le plan de l'ouvrage imprimé en 1813 (*Voy.* nº 21) nous fait regretter que M. Peignot n'ait pas donné suite au projet de publication de ce livre important qui aurait formé 6 vol. in-8°.

Myriobiblon français, ou Bibliothèque analytique universelle, présentant plus de 3000, soit indications, soit notices raisonnées d'ouvrages choisis, etc., le tout disposé par ordre alphabétique et de manière à épargner des recherches longues et pénibles à tout homme de lettres et à tout amateur de livres ; avec cette épigraphe :

Alius alio plus invenire potest, nemo omnia.
AUSONE.

Ce vaste recueil, le résumé des immenses lectures de l'auteur (la plume à la main) pendant quarante-cinq ans, formerait de 12 à 15 vol. in-8° au moins.

Essai de bibliographie glossographique, ou Notices raisonnées des ouvrages les plus curieux publiés sur la langue, soit en général, soit en particulier, et considérés sous le rapport historique, grammatical et lexicographique ; précédé d'un discours sur l'origine et la diversité des langues, et sur leur généalogie présentée en différents tableaux.

Manuscrit pouvant former 2 vol. in-8°.

Dissertation historique sur une correspondance entre saint Paul et Sénèque (connue des anciens, oubliée maintenant), traduite en français pour la première fois, le texte en regard ; avec des notes et le résumé de toutes les opinions des savants, depuis saint Jérôme jusqu'à nos jours, pour ou contre l'authenticité de cette correspondance.

Manuscrit pouvant former un petit vol. in-8°.

Bibliographie spéciale relative à l'inquisition, renfermant l'histoire et l'analyse de tous les livres qui ont paru sur ce redoutable

tribunal, depuis le *Directorium* de Nic. Eymerick, en 1503, jusqu'à ce jour.

Manuscrit formant 1 vol. in-8°.

Bibliographie analytique et raisonnée des principaux ouvrages
singuliers, facétieux, qui, depuis le XVIe siècle, ont paru pour ou
contre les femmes.

Manuscrit pouvant former 1 petit vol. in-8°.

Recherches historiques, judiciaires et même littéraires, sur les
fonctions relatives à l'exécution des jugements criminels chez
toutes les nations, depuis la plus haute antiquité jusqu'à nos jours ;
ouvrage rempli d'anecdotes singulières, suivies d'une dissertation
sur l'ancienneté de l'instrument de supplice en usage en France
depuis le 25 avril 1792, avec la preuve qu'il était connu et usité
depuis près de 400 ans en Allemagne, en Écosse et en Espagne.

Manuscrit pouvant former 1 fort vol. in-8°.

Notices et extraits de quelques ouvrages remarquables par leur
singularité, leur rareté ou leur bizarrerie; suivis d'une bibliographie analytique de tout ce qui a été publié sur la magie, la sorcel-
lerie, et les procédures auxquelles elles ont donné lieu.

Manuscrit pouvant former 1 vol. in-8°.

Histoire littéraire des ouvrages à clef, c'est-à-dire des ouvrages
satiriques, moraux, politiques, etc., dans lesquels les noms des
lieux, des personnages sont déguisés, et les événements cachés
sous le voile de l'allégorie; avec la clef de chaque ouvrage rap-
portée en entier, expliquée et accompagnée de notes historiques ou
littéraires, selon la nature du sujet.

Ce livre intéressant commence à la *Satire* de Pétrone et analyse tous
les ouvrages *à clef* parus jusqu'en 1829.

Manuscrit pouvant former 2 vol. in-8°.

Histoire littéraire des dédicaces, avec une notice raisonnée de
toutes les critiques qu'on en a faites, et un recueil choisi de celles
qui sont les plus singulières et les plus remarquables, soit par le

style, soit par la bassesse, soit par la malignité, soit enfin par la bizarrerie, depuis 1511 jusqu'à nos jours; suivie d'une notice sur quelques placets du même genre.

Manuscrit pouvant former 1 vol. in-8°.

Bibliographie amusante, ou Notice raisonnée des ouvrages dont les titres sont singuliers, originaux, plaisants, facétieux, satiriques, ridicules.

Notices historiques et détails sur les mœurs, usages, modes, costumes, lois somptuaires et vie privée des Français sous les différents règnes; avec la description de beaucoup de meubles curieux et objets de grand prix qui ont appartenu à des rois, reines, princes, grands hommes, etc.

Manuscrit pouvant former 1 fort vol. in-8°.

Revue et classification, par ordre de matières, de tous les décrets, ordonnances, arrêtés et circulaires relatifs à l'instruction publique, depuis l'établissement de l'université, etc.

Ce manuscrit, malheureusement, n'est pas tout à fait terminé.

Nous nous arrêtons ici : celui qui voudra bien parcourir d'un œil bienveillant cette longue nomenclature de livres imprimés, d'articles publiés, de manuscrits tout prêts à l'être, trouvera sans doute, avec nous, que Gabriel Peignot n'a pas menti à cette devise si simple qu'il avait adoptée :

Pluribus horis rei litterariæ vixi quam meæ.

P. D.

www.ingramcontent.com/pod-product-compliance
Lightning Source LLC
Chambersburg PA
CBHW051631060726
47597CB00004B/1525